1910 Decembre 8

VENTE

HOTEL DROUOT. - Salle N° 11

Jeudi 8 Décembre 1910
à 2 heures 1/2

337

TABLEAUX MODERNES

Me ANDRÉ COUTURIER
Commissaire-Priseur

MM. J. CHAINE & SIMONSON
Experts

PARIS 1910

CATALOGUE

DE

TABLEAUX MODERNES

PAR

ANDRIEU. - BEAUMONT, E. DE. - BELLEL. - BERCHÈRE, N. - BERGERET, D.
BLAISE-DESGOFFE. - CLAIRIN, G. - DAUBIGNY, C. - DAUBIGNY, K.
DE DREUX. - DESCHAMPS, L. - DORÉ, G. - FEYEN-PERRIN, A. - FORTUNY
GAUTIER, A. - GERVEX. - GILL, A. - GELIBERT. - GIRARDET, K.
GUILLAUMIN. - HUET, P. - ISABEY. - JADIN. - JEANNIN. - LAUGÉE, D. - PLASSAN, A.
POINTELIN, A. - RIESENER. - ROSA-BONHEUR. - WASHINGTON. - WORMS, J.

AQUARELLES & DESSINS

PAR

BERCHÈRE, N. - BERNE-BELLECOUR, E. - CHAM. - DORÉ, G.
GAVARNI. - HERVIER. - LANÇON, A.

dont la Vente aura lieu

HOTEL DROUOT - Salle N° 11

le Jeudi 8 Décembre 1910

à 2 heures

Me André Couturier
COMMISSAIRE-PRISEUR
56, Rue de la Victoire, 56

MM. J. Chaine & Simonson
EXPERTS
19, Rue Caumartin, 19

CHEZ LESQUELS ON DÉLIVRE LE CATALOGUE

EXPOSITION PUBLIQUE - Salle N° 11

le Mercredi 7 Décembre 1910, de 1 h. 1 2 à 5 h. 1 2

CONDITIONS DE LA VENTE

Elle sera faite au comptant.

Les acquéreurs paieront *dix pour cent* en sus des prix d'adjudication.

L'Exposition permettant au public de se rendre compte de l'état et de la nature des objets, aucune réclamation ne sera admise une fois l'adjudication prononcée.

Imprimerie Henri SCHILLER, 3, Place de la Republique, Paris

DÉSIGNATION

ANDRIEU

1. — *Le braconnier rentrant au logis.*

SIGNÉ A GAUCHE.

Bois Haut. $0^{m}18$; Larg. $0^{m}.24$.

BEAUMONT, Edouard de

2. — *Circé.*

SIGNÉ A GAUCHE.

Toile Haut. $1^{m}32$; Larg. $0^{m}72$.

BEAUMONT, Edouard de

3. — *Les Sphinx.*

SIGNÉ A DROITE.

Toile Haut. $1^{m}29$; Larg. $0^{m}98$.

BEAUMONT, Edouard de

4. *Moissonneuse effeuillant une marguerite.*

SIGNÉ A DROITE des Initiales Ed. B.

Toile de forme ovale Haut. 0m38 ; Larg. 0m46.

BELLEL, J.-J.

5. — *Paysage d'Orient.*

SIGNÉ A GAUCHE ; daté 1859.

Toile Haut. 0m30 ; Larg. 0m46.

BERCHÈRE, N.

6. — *Bords du Nil.*

SIGNÉ A DROITE.

Papier collé sur bois Haut. 0m13 ; Larg. 0m24.

BERCHÈRE, N.

7. — *Tente de Bédouins du Sinaï.*

SIGNÉ A DROITE.

Papier collé sur bois Haut. 0m15 ; Larg. 0m30.

BERGERET, D.

8. — *Huitres, crevettes, citron.*

SIGNÉ A DROITE.

Bois Haut. $0^{m}25$; Larg. $0^{m}41$.

BLAISE-DESGOFFES

9. — *Vase en agate décoré d'émaux.*

SIGNÉ A DROITE.

Bois Haut. $0^{m}41$; Larg. $0^{m}33$.

BONINGTON (attribué à)

10. — *Barques de pêche à marée basse.*

Rentoilage Haut. $0^{m}27$; Larg. $0^{m}41$.

BONINGTON (attribué à)

11. — *Paysage ; chemin creux.*

Toile Haut. $0^{m}30$; Larg. $0^{m}41$.

CLAIRIN, G.

12. — *La barricade.*

SIGNÉ A GAUCHE ; daté 1871.

Toile Haut. $0^{m}68$; Larg. $0^{m}82$.

CLAIRIN, Georges

13. — *Allégorie ; Janvier.*

SIGNÉ EN HAUT A GAUCHE ;

Toile Haut. $0^{m}56$; Larg. $0^{m}39$.

COURTAT

14. — *Femme nue endormie.*

SIGNÉ A GAUCHE.

Toile Haut. $0^{m}35$; Larg. $0^{m}67$.

COUTURE, Thomas

15. — *La danse.*

SIGNÉ EN HAUT A GAUCHE l'initiale T.

Toile Haut. $0^{m}24$ 1/2 ; Larg. $0^{m}33$

COUTURIER, Philippe

16. — *Poules aux champs.*

SIGNÉ A GAUCHE.

Toile Haut. 0m23 1/2 ; Larg. 0m28 1/2.

DALIPHARD, E.

17. — *Les marais ; le soir.*

SIGNÉ A GAUCHE.

Toile Haut. 0m28 ; Larg. 0m48.

DAUBIGNY, C.

18. — *Rentrée des pêcheurs ; clair de lune.*

à gauche le cachet de la vente faite après le décès de l'artiste.

Bois Haut. 0m44 ; Larg. 0m64.

DAUBIGNY, Karl

19. — *Le Château-Gaillard.*

SIGNÉ A DROITE.

Bois Haut. 0m34 ; Larg. 0m38.

DAUBIGNY (attribué à)

20. — *Femmes et enfants sous bois.*

Toile Haut. 0m20; Larg. 0m14.

De DREUX, Alfred

21. — *Chiens et chat.*

SIGNÉ A GAUCHE.

Toile Haut. 0m71; Larg. 0m55.

De DREUX, Alfred

22. — *Deux cavaliers.*

SIGNÉ A DROITE.

Toile Haut. 0m32 1/2; Larg. 0m46.

DESCHAMPS, Louis

23. — *Tête de fillette.*

SIGNÉ A DROITE.

Bois Haut. 0m32; Larg. 0m25.

DORÉ, Gustave

24. — *Massacre de la St-Barthélemy.*

SIGNÉ A GAUCHE : daté 1850.

Toile Haut. $0^{m}92$; Larg. $0^{m}73$.

DUPRÉ, J. (école de)

25. — *Une mare en forêt.*

Toile Haut. $0^{m}55$; Larg. $0^{m}65$.

ETEIX

26. — *Tigres dans les rochers.*

SIGNÉ A DROITE.

Toile Haut. $0^{m}34$; Larg. $0^{m}50$.

FEYEN-PERRIN, A.

27. — *Ève.*

SIGNÉ A GAUCHE.

Carton Haut. $0^{m}65$; Larg. $0^{m}41$.

FORTUNY

28. — *Buste d'homme ; étude.*

à droite le cachet de la vente.

Bois Haut. 0^m08 1/2 ; Larg. 0^m13.

FORTUNY

29. — *Arènes de Séville.*

SIGNÉ A DROITE.

Bois Haut. 0^m12; Larg. $0^m.17$ 1/2.

GARNIER, Jules

30. — *Gargantua ; esquisse.*

sujet tiré de Rabelais

cachet de la vente

Toile Haut. 0^m32; Larg. 0^m46.

GAUTIER, A.

31. — *Sœurs de Charité.*

SIGNÉ A GAUCHE.

Toile Haut. 0^m62; Larg. 0^m50.

GEDLEK

32. — *La ferme.*

SIGNÉ A DROITE ; daté Wien 1880.

Bois Haut. 0m34 ; Larg. 0m33.

GERVEX, Henri

33. — *Ève.*

SIGNÉ A DROITE des initiales H. G.

Bois Haut. 0m41 ; Larg. 0m33.

GÉLIBERT, Jules

34. — *Chasse au chevreuil.*

SIGNÉ A GAUCHE.

Bois Haut 0m32 1/2 ; Larg. 0m40.

GILL, André

35. — *Portrait de Gambetta.*

SIGNÉ A GAUCHE.

Toile Haut. 1m25 ; Larg. 0m86.

GIRARDET-KARL

36. — *Étude de sapins près Hochstett; Oberland*

SIGNÉ A DROITE K. G.

Bois Haut. 0m33; Larg. 0m28.

GOSSELIN, Ch.

37. — *Paysage avec figures.*

SIGNÉ A GAUCHE.

Toile Haut. 0m35; Larg. 0m20 1/2.

CRŒGÆRT, G.

38. — *Jeune femme assise dans un intérieur décoré d'objets japonais.*

SIGNÉ A GAUCHE.

Bois Haut. 0m36; Larg. 0m28.

GROISEILLIEZ de, M.

39. — *Un coin de ferme.*

SIGNÉ A GAUCHE.

Toile Haut. 0m65; Larg. 0m92.

GUDIN, J.

40. — *Barque de pêche à marée basse.*

SIGNÉ A DROITE ; daté 1861.

Toile Haut. 0m29 ; Larg. 0m40.

GUILLAUMIN

41. — *Entrée de Village.*

SIGNÉ A DROITE.

Toile Haut. 0m55 ; Larg. 0m63.

GUILLAUMIN

42. — *Portrait de femme.*

SIGNÉ A DROITE.

Toile Haut. 0m81 ; Larg. 0m65.

HERPIN, Léon

43. — *Une sortie ; défense de Paris.*

Projet pour la décoration de la Mairie du XIXe arrondissement.

SIGNÉ A DROITE.

Toile Haut. 0m82 ; Larg. 0m.55

HUET, Paul

44. — *Paysage; printemps.*

SIGNÉ A DROITE.

porte sur le panneau le cachet de la vente.

Bois Haut. 0m28; Larg. 0m38.

ISABEY, E.

45. — *Portrait de femme.*

Signé des initiales.

porte le cachet de la vente faite après le décès de l'artiste.

Toile Haut. 0m58; Larg. 0m46.

JACQUE, Ch. (attribué à)

46. — *Un prêtre lisant son bréviaire.*

Miniature.

JACQUE, E.

47. — *Chevaux à l'abreuvoir.*

SIGNÉ A DROITE.

Toile Haut. 0m24 1/2; Larg. 0m33 1/2.

JADIN

48. — *Levriers.*

SIGNÉ A DROITE.

à son ami M. GAUTIER.

Toile Haut. 0m76 ; Larg. 0m.85.

JEANNIN, G.

49. — *Roses.*

SIGNÉ A GAUCHE.

Toile Haut. 0m55 : Larg. 0m.65.

JEANNIN, G.

50. — *Fleurs.*

SIGNÉ A DROITE.

Toile Haut. 0m82 : Larg. 1m.

KÆMMERER

51. — *Tête d'étude.*

à droite porte le cachet de la vente faite après le décès de l'artiste.

Toile collée sur carton, Haut. 0m20 : Larg. 0m17.

LECŒUR

52. — *Promenade en barque.*

SIGNÉ A GAUCHE.

Toile Haut. 0m27 ; Larg. 0m35 1/2.

LA LYRE, A.

53. — *Femme nue sur un rocher battu par les flots.*

SIGNÉ A DROITE.

Bois Haut. 0m37 ; Larg. 0m29.

LAMBINET

54. — *Paysage ; étude.*

SIGNÉ A GAUCHE.

Bois Haut. 0m21 ; Larg. 0m31.

LAMBINET

55. — *Bords de rivière ; étude.*

SIGNÉ A GAUCHE.

Toile Haut. 0m25 ; Larg. 0m33.

LANSYER

56. — *La cour de Rohan à Paris.*

SIGNÉ A DROITE ; daté 86.

Toile Haut. $0^{m}32$ 1/2 ; Larg. $0^{m}46$.

LAUGÉE, D.

57. — *Jeune fille en buste.*

SIGNÉ A DROITE ; daté 1876.

Toile Haut. $0^{m}47$; Larg. $0^{m}39$.

LELOIR, L.

58. — *Joseph et Putiphar.*

SIGNÉ A GAUCHE.

Toile Haut. $0^{m}39$; Larg. $0^{m}50$.

MARCHAND, M.

59. — *Paysage ; effet de neige.*

SIGNÉ A DROITE.

Toile Haut. $0^{m}24$; Larg. $0^{m}47$.

MARCHAND, M.

60. — *Paysage; soleil couchant.*

SIGNÉ A DROITE.

Toile Haut. 0m24; Larg. 0m47.

MARILHAT (attribué à)

61. — *Cavaliers arabes; soleil couchant.*

Toile Haut. 0m27; Larg. 0m39.

MAYER, Mlle (attribué à)

62. — *Phrosine et Mélidore.*

Toile Haut. 0m32 1/2; Larg. 0m24 1/2.

MOREAU, Nicolas

63. — *Lièvre poursuivi par des chiens.*

SIGNÉ A DROITE.

Toile Haut. 0m65; Larg. 0m75.

MOREL-FATIO

64. — *Marée basse.*

porte sur le chassis le cachet de la vente faite après le décès de l'artiste.

Toile Haut. 0m31; Larg. 0m48.

NORMAND

65. — *Chien d'arrêt sur des faisans.*
Chien et gibier.

SIGNÉS A GAUCHE.

Deux pendants.

Bois Haut. 0m17; Larg. 0m22.

PALIZZI (attribué à)

66. — *Moutons dans un chemin creux.*

Bois Haut. 0m23; Larg. 0m17.

PÉCRUS

67. — *Artiste peintre.*

SIGNÉ A DROITE.

Bois Haut. 0m24; Larg. 0m19.

PLASSAN, A.

68. — *Buste de femme.*

SIGNÉ EN HAUT A DROITE.

Toile Haut. $0^{m}33$; Larg. $0^{m}25$.

PLASSAN, A.

69. — *Jeune femme en décolleté.*

SIGNÉ EN HAUT A DROITE.

Toile Haut. $0^{m}39$; Larg. $0^{m}25$.

POINTELIN, Auguste

70. — *Paysage ; crépuscule.*

SIGNÉ A GAUCHE.

Toile Haut. $0^{m}35$; Larg. $0^{m}52$.

POTÉMONT

71. — *Paysannes sous bois.*

SIGNÉ A GAUCHE.

Toile Haut. $0^{m}30$; Larg. $0^{m}46$.

RIESENER

72. — *Jupiter et Léda.*

SIGNÉ A GAUCHE.

Toile Haut. 0^{m}36; Larg. 0^{m}50.

RIZENER, C.

73. — *Canards sur un étang.*

SIGNÉ A GAUCHE.

Bois Haut. 0^{m}28; Larg. 0^{m}39.

ROSA-BONHEUR

74. — *Étude de lions.*

cachet de la vente à gauche sur la toile

cachet à la cire sur le chassis.

Toile Haut. 0^{m}53; Larg. 0^{m}64.

ROUSSEAU, Ph.

75. — *Paysage; vue panoramique.*

SIGNÉ A DROITE.

Toile Haut. 0^{m}24; Larg. 0^{m}23.

ROUSSEAU, Ph.

76. — *Étude de roseaux.*

SIGNÉ A DROITE.

Toile Haut. 1m ; Larg. 0m81.

ROUSSEAU, Th. (attribué à)

77. — *Un village.*

SIGNÉ A GAUCHE les initiales Th. R.

Bois Haut. 0m26; Larg. 0m34.

ROUSSEAU, Th. (attribué à)

78. — *Arbre mort; étude.*

en bas à droite : Valmondois - 1834

Toile Haut. 0m24; Larg. 0m35.

SCHITZ

79. — *La Sablonnière.*

SIGNÉ A DROITE.

Bois Haut. 0m42; Larg. 0m67.

SIMONETTI, A.

80. — *La curieuse.*

SIGNÉ A GAUCHE ; daté Roma - 1872

Bois Haut. 0m35; Larg. 0m27.

TABAR, L.

81. — *L'assaut de Malakoff.*

SIGNÉ A GAUCHE.

Toile Haut 0m65 ; Larg. 1m.

TROYON (attribué à)

82. — *Paysage ; étude.*

Rentoilage Haut. 0m24 1/2 ; Larg. 0m30.

VAN-BEERS, Jan

83. — *Parisiennes sous bois.*

SIGNÉ A DROITE ; daté 1882.

Bois Haut. 0m18; Larg. 0m35 1/2.

VAN-SCHENDEL, G.

84. — *Une ville en Hollande.*

SIGNÉ A GAUCHE.

Toile Haut. 0m52 ; Larg. 0m73.

VERNIER, Émile

85. — *Vue de Cannes.*

SIGNÉ A DROITE.

Bois Haut. 0m41 ; Larg. 0m62.

WASHINGTON, G.

86. — *Pillards Arabes.*

SIGNÉ A GAUCHE.

Toile Haut. 0m45 ; Larg. 0m66.

WORMS, Jules

87. — *Le levrier.*

SIGNÉ A DROITE.

Toile Haut. 0m27 ; Larg. 0m22.

INCONNUS

88. — *Arabes dans les montagnes.*

Toile Haut. 0m40; Larg. 0m60.

89. — *Feu d'artifice au fort St-Ange; Rome.*

Toile Haut. 0m37; Larg. 0m50.

90. — *Roméo et Juliette.*

Bois Haut. 0m15 1/2; Larg. 0m10 1/2.

91. — *Fox et renard.*

à droite signature illisible.

Toile Haut. 0m32 1/2: Larg. 0m41.

92. — *Poules et coqs.*

Bois Haut. 0m26; Larg. 0m.20

93. — *Animaux à l'abreuvoir; esquisse.*

Toile collée sur Bois Haut. 0m32: Larg. 0m40.

94. — *Cascade dans la montagne.*

Esquisse dans la manière de Corot.

Toile Haut. 0m32; Larg. 0m46.

95. — *Bull-dog; esquisse.*

Bois Haut. 0m80: Larg. 0m62.

AQUARELLES

ET

DESSINS

BERCHÈRE, N.

96. — *Le cimetière d'Etampes ; clair de lune.*

Aquarelle ; SIGNÉE A GAUCHE.

à droite le cachet de la vente

BERNE-BELLECOUR

97. — *Chasseur aux avants-postes.*

Aquarelle : SIGNÉE A GAUCHE.

CHAM

98. — *Robert Macaire et Bertrand.*

Aquarelle.

DECAMPS (attribué à)

99. — *Bohémiens.*

Sépia.

DELACROIX, E. (attribué à)

100. — *Cadre contenant cinq dessins; études de lions.*

DORÉ, G.

101. — *Macbeth.*

Aquarelle gouachée.

DREUX, A. DE (attribué à)

102. — *Le saut de l'obstacle.*

Aquarelle.

DREUX, A. DE (attribué à)

103. — *Cavalier au moyen-âge.*

Aquarelle.

GUIGNÉ

104. — *Paysage.*

Aquarelle : SIGNÉE A GAUCHE.

GAUTIER, E.

105. — *Meudon.*

Pastel.

GAVARNI

106. — *Le diseur de bonne-aventure.*

Dessin à la sépia.

SIGNÉ A DROITE.

Vue Haut. 0m56; Larg. 0m72.

HERVIER

107. — *Le bucheron.*

Aquarelle.

LANÇON, A.

108. — *Moine laboureur.*

Dessin à la plume.

REGNAULT, H. (?)

109. — *Cavalier et amazone.*

Dessin à la plume.

WORMS, J.

110. — *Espagnol; étude.*

Aquarelle.

WORMS, J.

111. — *Espagnol jouant de la guitare.*

Aquarelle.

HELLEU

112. — *Têtes de femmes.*

Eau-forte

---

113. — *Sous ce numéro un lot de cadres dorés (division).*

www.ingramcontent.com/pod-product-compliance
Ingram Content Group UK Ltd.
Pitfield, Milton Keynes, MK11 3LW, UK
UKHW032025260826
14628UKWH00006B/2734

9 782329 50037